기린처럼 걷는 저녁

김영미

시인의 말

켜진 내 등불은
별에서 아주 가까이에 있다.
눈감아야 비로소 보이는
내 별
영혼이여 더 멀리 날아라.

2020년 늦가을

김영미

기린처럼 걷는 저녁

차례

1부 누구도 알 수 없는 발자국 남기며

스테이크	11
머리칼은 촉수다	12
사막의 검은 새	13
단춧구멍	14
혜화동 뒷골목	16
청구서	18
뗄 수 없는 딱지	19
아버지의 청어구이	20
그물에 걸린 밤	22
변덕스런 모자	24
거짓말	26
그때 그 역	28
뿌리 염색	30
누구의 집인가	31
간판이 간판을 밀어내는 골목	32

2부 뒤돌아보면 어둠으로도 되돌리지 못하는

내가 떠다닌다   37

저녁은 밥이다, 아니다   38

아버지의 술잔   39

나이테 그리기   40

마우스   42

변장과 분장   43

재분이 고모   44

하늘로 걸어가는 나무   45

기차 소리   46

칼국수   47

채송화가 한창입니다   49

막차는 제 그림자를 잘라먹고   50

마스크 결혼식   52

거미집   54

누가 청어의 유통기한을 결정하나   55

3부 아무도 잎들을 멈추게 할 수 없나니

봄이라고 써 버렸다	59
B급	60
계단을 들어 올리다	62
대상포진	64
내 스타일	65
기차를 놓친 별	66
복원되고 싶다	67
안개 속에 집이 자라났다	68
아흔아홉의 풀씨	69
등불 같은 말, 나는 어디쯤	70
꽃은 고속촬영을 한다	72
찰칵, 흑백사진 한 장	73
금계국	74
내 안의 허밍	75
귀신이 오고 있다	76

4부 제 얼굴 묻고 자신에게 벌을 주듯이

모르게 아마추어   79

유서 혹은 연시   80

병 속에서 말이 쏟아졌네   82

술 속에 사람이 있다   84

나와 고양이 사이   86

자동소멸   87

동부로 16 하늘빛아파트   88

지용을 읽는 밤   90

밤바다를 놓치다   91

하얀 신을 신고 어디로 갈까요?   92

중얼중얼, 쉬는 자의 변명   94

고양이 눈 속에 겨울이 보였다   96

거기, 안개도시   98

분꽃이 피었네   100

입속의 물주머니   101

해설

안개로부터 탈주하는 소녀   102

  —이병철(시인, 문학평론가)

1부
누구도 알 수 없는
발자국 남기며

스테이크

허기진 도시가 입을 크게 벌렸다

슬픔은
꽃잎을 흔들며
언덕 넘어 걸어간다
무쇠 방울 소리가 들린다

고흐의 귀를 닮은 별이
접시 위에 놓일 때
아무도
그 핏속을 들여다보지 않았다

머리칼은 촉수다

　머리를 감는다 젖은 머리카락 두 손으로 움켜쥐었다 수백 개의 촉수가 살아났다 헐렁한 몸 여기저기를 더듬거렸다 가늘고 긴 돌기가 찌푸리는 입 주변을 핥았다 수많은 촉수가 한꺼번에 섰다 이들이 내 머리채를 잡고 어두운 구멍으로 사라졌다

　가난을 덮어쓴 찬물은 더 차가웠다 머리칼에 언 손끝이 베었다 엉킨 머리 위를 물방울이 굴러다녔다 내가 울음을 터뜨릴 때마다 새가 울며 날아갔다 물속에서 머리카락이 불쑥 돋았다

　머리를 묶는다 머리칼에 매여 있는 나를 본다 달아날수록 머리채를 부여잡는 길목 내 손바닥의 감각을 자른다 바닥에 잘린 감각의 목록이 수북하다

사막의 검은 새

사막에서 길을 잃었다
떠오르는 태양 속 검은 새는
아름답고 성실하게
죽음의 재료들을 모으고 있었다

아이는 혼자 있지 않았다 날개를 펴고
어둠에 잠긴 바다
아파트 단지에서
부드러운 눈을 적시고 있었다

땅과 섞여 들었을 때
수돗물은 깃털을 태우며 흘러 다녔고
육신 속에선 피로 불려가
한 모금 액체로 흘러내릴 때

싸움이 묶이고 풀리면서 닫힌 집,
탈출을 꿈꾸는 어린 소녀가
사막에서 검은 날개를 편다

단춧구멍

당신이 떠나신 뒤 여러 번 옷장을 여닫았는데

자꾸만 분홍 원피스에 눈길이 가요

단추 하나가 달랑거리는, 단추 하나 꿰매 놓았지요

그런데 매듭을 짓지 못하고

실만 길게 늘어뜨렸어요

목련을 바라보던 당신의 여윈 미소

문득 떠올랐기 때문이었지요

나는 터진 실밥처럼 헐렁하게 그만 울어 버렸지요

바늘에 찔린 피가 새어 나와요

내 입술은 가벼이 당신을 부르는데

당신은 이 진홍빛 핏속에 있군요

한 방울의 피가 내 입술을 적시는 밤

당신은 내 마음을 심문하지요 이토록 가까이에서

단춧구멍 속으로

밤하늘이 길게 지나가는 것을 봅니다

혜화동 뒷골목

혜화동 뒷골목을 걸었다 좁고 높은 골목을
올라가면 들꽃들의 낙서가 보였다
담장의 벽화가 두 손을 잡아 주었다
골목골목 작은 그림들은 달을 품고
내 마음을 끌고 비탈진 길을 더 올라가자

상처를 드러낸 녹색 대문이 보였다 오래된 식당은
구겨진 저녁을 펼쳐 놓았다 그 끝에
내가 서 있었다
따뜻한 백반은 창백한 얼굴을 피워 올렸다
소유할 수 없는 푸른 눈동자가 아른거렸다
바닥으로 추락하는 나와 마주 보는 눈동자

가등이 내 마음속 구석구석을 보고 있었다
하늘과 바다를 비추고 밝히던 시선
텅 빈 유리창 너머로 노란 저녁을 지웠다
두꺼운 어둠 속으로 감춰지는 손등
입을 맞췄다 손안에 가만 뺨을 묻었다

창백한 눈송이 안개 속에
흔적이 없이 사라진 혜화동 골목

청구서

탯줄에 묶여 있는 꿈을 자주 꾼다 그 후부터 그녀는
내게 청구서를 내밀었다

새벽부터 저녁까지 일해야 했다 그런 날 꿈속엔 어머
니라는 이름표를 단 여자들이 기다리고 있었다

어머니의 어머니가 그랬듯이 딸이 딸에게 새끼손가
락을 걸 때 무덤 앞에서 어머니들이 울었다 탯줄을 감
은 하늘에 달이 떴다

뗄 수 없는 딱지

장롱, 찬장, 냉장고에 붙여진 표식
무지막지 회색 잠바 입은 사람들이 미웠다
함부로 뗄 수 없는 압류딱지

텔레비전에 노란 보자기를 덮으며 울던 두 손
그 딱지를 떼면 무슨 죄가 될까?
이불 속에서 달팽이처럼 몸을 말고 있던,

아버지가 한 손으로 힘주어 잡으신 담뱃갑
구겨진 얼굴, 엄마 치맛자락 잡은 열두 손

바닥에 지층을 이룬, 손댈 수 없는, 붉은,
남은, 기억에 엉겨 붙은 선명한,
아직도 꿈을 파먹고 있는

아버지의 청어구이

포항 영일만은
겨울철이면 청어 떼가 몰려왔다

그물만 던지면 한가득 올라오는 청어를
부엌 살창에 걸어 놓았다 누구는
나뭇가지에 눈 꿰어 바닷가에 매달아 두었다

잠시 추웠을 청어는 부엌 연기가 빠져나가는 곳에서
은빛으로 선명했으나
서너 번의 잔칼질로 허리가 사나워져 있었다

아직도 살 속에서 철벅한 물소리가 켜는 등불
바다는 아팠다
어린 새끼들이 파란 숨 고르고 하늘을 바라보던
해초를 치고 갈 때 새끼들의 이름을 달고
바닷물에서 배어 나오는 통을 실어 날랐다

더 움직이다가 하필이면 배 지붕 위에 던져져

청어와 같이 올려다본, 하늘이 없었던 세상

아버지의 청어구이를 먹는다
싱싱한 내장도 없이 까다로운 잔가시로 버텼던,
아버지의 저녁도 청어 비늘처럼 벗겨지기 쉬운 것이
었을까
머리와 꼬리가 잘린 비늘을 긁으면서

그물에 걸린 밤

유리병 속 갯지렁이들
곧 낚싯바늘에 꽂힐 떡밥인 줄 알까
한 놈 한 놈 사라지는 걸 보고도
퇴화한 꼬리를 흔들지 못했다

병 속은 누구나 볼 수 있는 유리감옥
갇힌 줄 몰라 나오는 방법도 몰랐다
꼬리가 꼬리를 물고 사라지면
더는 꼬리의 흔적은 찾을 수 없었다

비가 오면 물고기 꼬리들 둥둥 떠다녔다
그물에 걸려 잘려 나간 꼬리지느러미
그런 날 정오엔 감옥의 문이 열리기도 했다
가슴지느러미로만 불안하게 균형을 잡던 물고기들
앞으로 나가지는 못했다

밤이 돼서야 몸을 옆으로 누이는 서너 물고기
꼬리 쪽에만 잔뜩 힘주면서

오늘은 원형, 양엽형
내일은 절단형, 초승달형, 첨형, 창형
깃발을 여러 개 늘어놓았다

변덕스런 모자

마스크를 썼다

삿대질하던 입이 고집을 꺾었다

사람들은 갑자기 음란한 춤을 추기 시작했다

나르시스에 취해 찬가를 불렀다

고백하는 순간에도 진실은 때때로 절뚝거렸다

손수건과 장갑이 어여쁜 신을 만졌다

느릿느릿 발걸음을 맞추었다

모자 안엔 채찍이 숨겨져 있었다

절름발이 춤을 추게 하였다

한 마리의 뱀이 한 여자의 목을 감았다

금테를 두른 모자, 절벽에 눈부시게 걸렸다

거짓말

그대가 듣고 싶은 첫 사람
그대에게 묻느니 내 첫 사람이 첫 사람인가?
빛과 그림자 사이가 눈을 떴다

하얀 손으로 흔적을 지웠다
성난 바다가 잔물결을 쓰다듬지 못했다
돛조차 세울 수 없는
수많은 고백을 받아 낸 바위는 십자가

일곱 개의 봉인이 풀릴 때
신을 위해 능숙하게 노를 젓는 검은 돛배
너울거리며 떠다니는 밝은 불빛 속
나뭇잎처럼 흔들리던 작은 배

거친 숨 몰아쉬다 항구는 잠에 들었다
숨은 신을 뒤쫓던 뭍의 시간이
흰 돛으로 펄럭
어둠에 잡아먹혔다

너무 오래 매달렸다
그늘진 입이 떠올리는 거세의 고통
참 참 참 많이 아팠다

그립지 않다고 나에게 말했지
바다 밑바닥엔 벌레 먹은 사과가 굴러다녔다

그때 그 역

벌써 세 번째 내려야 할 역
옥천 지나쳐 영동까지 갔다

작년에 두 번, 올해 한 번

기차만 타면 잠이 솔솔
꿈길을 동행한 서울역이 철컥철컥,

청량리 대성리 청평 가평
능내 가는 길

환하게 켜진 등불

비둘기호 마지막 칸 뜨겁게 숨 쉬던 행성들
경계가 없는 초원에 닿을 수 있다고 믿었지

폐역, 저편에 있는 소녀
옛날처럼 차례차례 역 이름을 왼다

창에서 하늘이 멀어져 갈 때쯤 철컥,
서늘한 쇳소리가 의식을 들어 올린다

쓸쓸하게 버둥거리다
흑백사진으로 나풀거리는 능내역

기차를 잃은 철길은 망연자실,
두 다리를 쭉 뻗었다

민들레 깃털로 흔들린다

맨 처음으로 돌아가는 내 안이 흔들
열차가 덜컹

뿌리 염색

파 뿌리가 위로 솟구쳤다

두더지가 머릿속을 스멀스멀
뿌리 아래 뿌리를 들추는 두더지
머리와 머리카락을 둘러싸는 파 뿌리 전쟁
군말 없이 단번에 폐허에 들어가 있다

머릿속 쪼아 대는 흰 새의 발톱
제 발톱마저 떨어뜨리고 쪼아 댄 자리에
읽기 쉬운 복수의 기표들이 죄를 새기면
머리카락에 쓰인 죄목이 거울 속에 보였다

검은 머릿밑에서 쏘아보는 붉은 눈
알면서도 꼼짝없이 받은 벌
검은 기를 꽂았다
검은 뿌리가 백기를 들 때 미용실 간다

누구의 집인가

눈이 내린다
종일 누구를 먹여 살리기 위해
검은 머리 잠재우고 천천히 내리는가

나는 들었다
뽀드득 눈 밟는 소리
맨손으로 눈 뭉치는 소리
눈이 오면
저 소리를 안주로
술을 실컷 마실 수 있다

몸속 깊은 곳
아름다운 병이 되어
누구도 알 수 없는 발자국 남기며
바다에 누운 달조차 알지 못하는

눈이 오면, 술에 취해
그 왕국이 이 세상에 내려온다

간판이 간판을 밀어내는 골목

옆집이 나갔다
골목에는 욕이 빗물처럼 고였다
그 욕에는 푸른 날이 서 있었다
'이 가게 또 바꿨네 벌써 몇 번째지'
말로만 쓰이고 읽힌 입소문
열 발자국 걸으면 닿을 거리 치킨집들
죽은 나무에서 받아 온 닭을
기름 온도 맞추고 시키는 대로만 튀겼지
벽 아래 모든 감각도 튀겨졌지
버티지 못했다
뜨는 골목 지는 골목, 전쟁터
술맛은 골목이었지
그 골목 끝에 집이 있을지도
죽음의 계곡을 건너고 있었다
저녁 아홉 시가 되면 차도 사람도
배달 오토바이도 다니지 않았다
앵그리 치킨, 부부가 삶을 털고 도망갔지
한때 큰길로 나가고 싶었지

좀처럼 자리 내주지 않았지
되레 환하고 넓은 길에선 길을 헤맸지
덤비다가 작은 것까지 잃었지
골목이 그때 그 모습을 가져갔다
큰길에 관심이 없는 골목
스스로 큰길이 될 날 기다렸던 골목
다리 쭉 펴고 잠든 고양이가 진을 치고
골목골목 빈 주머니 간판이 간판을 밀어낸 골목

2부

뒤돌아보면 어둠으로도
되돌리지 못하는

내가 떠다닌다

2차 자리, 늘 어디로 갈까 묻게 되는 차, 차
부글부글 한통으로 섞이고 싶게 하는
한번 앉은 자리에 붙박이는 차, 차, 차

물목 잘 잡아야 하는 첫자리
돼지 소리, 뼛속까지 물어뜯는 혓소리
메아리가 되는 웃음소리
형광등 불빛 아래 얼굴은 오래된 미역 같다

농도 짙은 시간에 몸을 웅크리면
술버릇과 음담패설과 고장 난 라디오
술잔이 땅에 떨어지고
거센 파도처럼 밤이 흘러간다

새는 물속 깊이 물고기는 하늘 높이 날아가고
수족관 안에서 웅크리고 앉은 나는
물고기 사이로 둥둥 떠다니는 나와 사람들을 본다

저녁은 밥이다, 아니다

기린처럼 걷는 저녁
목을 쭉 내밀었다
와르르 무너지는 빛 무더기
저녁이 왜 오는지

저녁 있는 날은 늘 혼자다
책을 읽다
혼술로
배달의 민족에게
저항할 수 없이 이끌려 갈 때
종일 서늘한 손가락

추녀 끝, 땅거미
흙과 술과 바람 속에서
시간으로부터 달아나고 싶다

내 삶은, 늘 햇빛이 덜 필요했다

아버지의 술잔

아버지 저녁상에는 늘 반주가 따랐다 그 밥상을 기다
리다 할머니와 먹곤 했는데 "오늘도 아비 반주했냐" 할
머니는 물만밥에 누런 짠지만 드셨는데 나는 젓가락질
몇 번 가지 않은 달걀찜, 꽁치구이, 호박찌개를 먹었는데
쓰고 짠 것만 먹는 어른들이 이상하고 이상했는데

아버지는 예순다섯 생일 달에 위암 말기 판정을 받으
셨다 한 달 시한부 선고에 병원 문 나설 때 스테이크 먹
자던 아버지, 일주일간 링거 맞으며 동해안 돌고 온 날에
도 소갈비 먹자던 아버지는 물도 마시지 못하셨지 투명
한 액체가 아버지를 잠식했다

아버지 나이 되려면 멀었는데 저녁이면 반주를 한다
그때 못 했던 아버지와 술 한잔, 잔과 잔이 부딪쳐 아버
지에게 가는 배 '아 으악새 슬피 우는 가을인가요' 아버
지에게 가는 옛 노래 하늘 고개 넘어가시는데 지금도 아
버지의 강은 보이지 않는데 그땐 몰랐던 술맛이 참으로
달다 말씀 없이 지는 저녁 해 달짝지근하다

나이테 그리기

만나려고 모서리 타고 올라간 적 있어요

튀어나온 모서리 벽에 막혀서 골탕 먹었어요

모서리가 둥글둥글한 삼각형을 연습했어요

뾰족한 세 군데를 손끝으로 꾹꾹 누르면서

접은 선이 잘 보이지 않게 했어요

그 자리 한 번 더 접어 다림질로 마무리

접은 부분이 얇을수록 모서리 예쁜 키친크로스가
돼요

둥글둥글한 내가 되려 연습해요

원하는 만큼 둥글기가 되었을 때

손을 떼 주면 되는데 자꾸 동그란 버튼을 놓쳐요

쫓아가고 또 쫓아가는 나이, 계속 골탕을 먹어요

그래도 벽에 찰싹 달라붙어 있어요

곧 떨어질 거지만 서서히 미끄러지길 바라는 건

벽 타는 게 좋아서요

벽에 있는 굴곡과 모양 끌고 내려오는 게 좋아서요

모서리가 매끄러워질 때까지 다듬고 또 다듬어요

마우스

그녀의 손이 마우스를 둘러싸고
메일함에서 생쥐를 꺼낸다

메일을 열 때마다 피어나는 냄새
까만 눈동자를 굴리는 쥐새끼가 한 살림 차렸다
새 땅에 번식력 좋은 놈들이 숨어들었다
천장 낮은 그 방은 밤이면 잠을 설쳤다
초저녁에 잠잠하다 새벽녘엔 난리부르스를 쳤다
천장에 꼬챙이로 맞장구를 쳤다
쥐약과 고양이를 두고 골머리를 앓았다
밤말은 쥐가 듣는다지?
쉿, 쥐 잡은 궁리 엿들을지 몰라
어느 사이 바르르 기어
달아날 구멍 보고 쫓으라 했지?
구멍으로 들어가 버린 쥐새끼

불면증을 실행하고 조작하는 버튼
위험하게 놀 생각을 굴리는 작은 공

변장과 분장

하루가 거의 끝나 간다

손님들은 돌아가고 목욕을 마친 여자가
반질반질해진 몸으로 욕조를 나오는 동안
여자를 한껏 마신 거울
연지 곤지 루주로
해맑은 그 여자의 얼굴에 신비를 덧발랐다
뿜뿜 막들이 그려졌다
다른 여자가 태어났다

신비 속 환상을 돈 주고 사는 남자
판판 따먹는 바둑판의 흑과 백
벗겨 내면 잘 보이는 주름살
흔들리고, 숨 쉬고, 미끄러지고 꿈틀거렸다

화장과 변장과 분장을 밥 먹듯 하는
그 여자는 오늘도 배역이 많다

재분이 고모

"재분아, 이거 받아라" 아버지가 얼큰하게 취한 얼굴로 말했다 신발을 벗으며
마루에 앉아 있는 내 손에 금박 종이상자 안에 든 카스텔라를 주면서

"재분이는 내 이름이 아니다"

재분이는 병으로 일찍 죽은 아버지의 동생이자 내 고모의 이름이다 깊은 슬픔을 밑에 깔고 아버지가 누리는 잔잔한 평화 속에서 죽은 고모와 내가 뒤섞인다

아버지는 어느 날 어머니 대신 나를 부르기도 할 것이다 그때마다 나는 어머니가 된다

어느 문으로 들어올지 모르는 이 한 움큼의 저녁, 나는 입을 다물었다

하늘로 걸어가는 나무

버스를 기다리다가
하늘로 걸어가는 나무들을 보았다
약속이나 한 듯 어두워지는 하늘 아래
나뭇잎이 누렇게 떨어지고 있는 늦가을
고양이 울음소리
아버지 구둣발 소리가 골목 안으로 접어들었다
골목이 골목을 업고 갈 때
등에 진 짐 나누어 질 등이 없을 때
나무 아래 풀잎도 몸을 떨며
느릿느릿
뒤돌아보면 어둠으로도 되돌리지 못하는
그 길을
아버지와 함께 지친 발걸음으로
하늘로 걸어가는 나무들을 보았다

기차 소리

무궁화를 타면 흔들린다 덜커덕 철커덕 서로 속하는 소리 끝에 허리를 숙이고 설렜다 배 속에 있을 때 들었던 어머니의 심장 소리, 머릿속에서 다시 기차를 탄다 어느 날 한 걸음도 떼지 못하고 태어났다

서울에서 옥천으로 가는 대전쯤, 창밖 건물이 보이지 않고 나만 보인다 기차를 타고도 입김을 불어 나를 확인한다 밤 열차가 애를 쓰고 불빛을 쓸었다 짐을 들어낸 긴 등이 연기를 타고 꿈틀거렸다 어느덧 한 걸음도 내딛지 못한 채 목적지에 도착했다

두 개의 세계가 나를 잡아당겼다 한 움큼의 사람들을 풀어놓고 휘어지는 기차, 두 줄의 선로와 그림자 위로 창백하게 뜬 달, 어머니의 얼굴처럼 나의 첫새벽을 열었다

칼국수

국수 먹으며 엄마를 생각한다
옥천에 정붙이려 멀건 밀국수 먹었는데
이것이 비 오는 날 나를 잡아당기면서
묵어 가는 고향으로 고개를 기웃거린다
곧 추석이라 그런 건가

내가 섣달 초하루에 태어나서 추웠을 엄마
김치칼국수 맵다고 투정 부리던 막내딸은
올해도 추석 지나고 가야 해서
둥글어지는 달이 더 쓸쓸하다

반죽을 누르고 칼자국이 만들어질 때까지
엄마의 손에, 잘 잡히는 칼에
아물지 않은 상처는 어디 있을까

똑, 똑 잘려 나간 엄마 눈물을 삼키고
돌배기 적 잡은 실타래처럼 마디 없이 술술 풀리던
긴 가락, 너무 먼 곳까지 밀려나셨는지

"엄마는 먹었다" 배부른 시늉이 힘겹게
당신의 발목을 잡은 삶의 사막에서
엄마의 시계는 의식의 시간을 가리키지 못한 채
온종일 허덕이고 있다

채송화가 한창입니다

'눈길이 멀면 명길 짧다'는
할머니 말씀이 피었다

노랑 저고리 분홍 치마 입으신 할머니
어린 눈에 할미가 하늘만큼 이뻤다

낮은 곳에 산 채송화 하늘이 멀었다

여름 속을 뛰어든 꽃씨
제 세상으로 든 그 저녁

씨 뿌리지 않은 마당에
할머니가 찾아오셨다

코끝에 닿는
안티푸라민 냄새가 나를 업었다

막차는 제 그림자를 잘라먹고

빈 잔에 향기가 쓰러져 있다

그 잔에 우롱차를 마시고 술을 마시고

차, 곡차, 차, 곡차 뒤풀이

웅크린 찻잎의 기억 더듬다가

천천히 입안으로 스며드는 차, 곡차

심장을 돌고 돌아 물소리를 물고 온다

혀를 우롱해서 우롱차인가

마음 부르는 소리여서 곡차인가

느끼는 것을 믿을 수밖에

차가 술을 부르고 술이 차를 불러

입술에 다시 올 때

물로 만나 술이 되는 소리

막차는 뒤를 슬금슬금 감추며 차, 곡차

차, 곡차, 곡 제 그림자를 밟고 간다

마스크 결혼식

마스크 쓰고 결혼식에 다녀온 날
식사 대신 답례품으로 받은 와인을 딴다
하객도 아름다운 신부의 얼굴도 보지 못했다

얼굴도 옷을 입는다
갖은 마스크로 입을 봉하고 코를 봉한
겹겹 겹쳐 입은 무표정 하루하루가 썩어 간다

면사포로 얼굴을 가리고 결혼했지
이십 수년 전 입은 얼굴 옷
마지막인 듯 갔던 길, 아버지 손잡고 걸은 버진로드

불안 속, 분노의 5단계*에 동의했다 COVID-19 오래가
지 않을 거라고 했던 부정, 확진자에 대한 분노, 사회적
거리로 일상과의 타협, 마스크 시대의 우울

대면의 세계와 비대면 세계가 절뚝거리는 계절

* 엘리자베스 퀴블러 로스가 거론한 죽음과 관련된 임종 연구 (near-death studies) 분야의 이론. '부정, 분노, 타협, 우울, 수용'의 5단계 를 뜻한다.

거미집

오늘 모임입니다 톡 톡
뱀띠, 여행, 공주, 보석, 성형, 봉사 계 계 계
한 달에 한 번 달거리하듯 빼먹지 않는
작은 세상을 더 작게 만드는 친목계
계원 돈 모아 한 사람에게 몰아주는 목돈 계까지
통장에 돈만 들어가면 내가 없어져도 모를 개판
사우나 매점 언니가 곗돈을 들고 튀었다지
계주와 돈의 행방은 오리무중
돈 뜯긴 이유도 갖가지
매달 부은 돈으로 거미줄 쳤던 계주
눈부신 햇살 아래 위태로운 곡예로 지은 거푸집
바람에 날아갔다
한동안 그 사우나에도 찬바람이 불었다
돈으로 통하는 개판에는 사람이 없지
때 묻은 돈에서 오래된 계란 냄새가 났다

누가 청어의 유통기한을 결정하나

어부는 그물로 물고기를 잡는다
문학은 단체라는 그물로 시를 낚고
등단이란 그물망이 배지 잡이에 나선다
여차여차 절차를 밟아야 한다

해변에 가까워질수록 나팔 소리는 요란했다
가장 신선한 물고기를 차지하려는 상인들
이리저리 밀치며 악을 썼다
해변에선 금지된 청어 손질
방파제 뒤편 특정 막사로 옮겨졌다
그곳엔, 특별히 뽑힌 군단들만 들어갈 수 있었다

탕. 탕. 탕. 선서에 따라
1차, 청어의 내장을 제거했다
2차, 내장을 뺀 청어 뤼베크산 소금물에 절여 통에 담
았다
3차, 원산지와 품질관리 마크를 찍었다
4차, 천하에 없는 이 표식이 공판장에서 먹혔다

상인들은 잘 절인 청어를 통제하였다
공판장 약속된 생산 시스템이 변질을 불렀다
청어의 유통기한이 짧아졌다

3부
아무도 잎들을 멈추게 할 수 없나니

봄이라고 써 버렸다

그대를 감싸러 오는 것은 무엇인가
풀잎들이 부드러운 아침을 사랑하고
밤은 낮을 껴안는다
아무도 잎들을 멈추게 할 수 없나니
이제부터 새벽은
꽃잎을 포개지게 할 것인데
어찌 서둘러 입을 맞추었는가
바람이 서로 껴안으러 가는 중에
내 연필 한끝이
그만 '봄'이라고 써 버렸다

B급

비주류, A급에 못 미치는

그저 그런 아웃사이더의 거리

적당히 게으르게 참여

손가락질 받지 않을 만큼 타락하자

호기심을 즐기는 무덤덤함이 상책

밤길에서 듣는 래퍼의 프리스타일 랩

길 한가운데로 쏠리듯 들어와 있는 멜랑콜리

여유 있는 박자로 흐르는 비, B 주류

설레지도 위로도 되지 않는 짧은 시간

눈물이 번져 하지 못한 말

세상에 착불로 도착해

소설처럼 쓰인,

빈 탁자를 오래 바라보는 이 저녁

누군가의 배경이 되어야 하는

그런 생각,

그만두길 잘한 서투른 짓

계단을 들어 올리다

폭풍우 속에서
모래는 언덕 위를 날개 없이 날아다녔다

바람은 창틀에 어깨를 기대고 있었다

달을 따르던 가벼운 무리가
하모니를 만들어 내 귀에 속삭일 때
향기들은 여인과 바람을 불러들이며
저녁노을을 떠돌았다
사막과 바다를 닮은 사내들도 있었다

표지판이 없는 길을 수많은 사람들이 걸었다
이름 모를 바람이 끼어들어
모래바람 속엔 서른 개의 거짓말이 섞여 있었다
바람이 계단을 공중으로 들어 올렸다

나는 겁도 없이 바람 부는 언덕을 좋아했다
가파른 계단은 악마의 손아귀에 놀아났다

울부짖음과 탄식이 회오리를 따라
살려고, 살아나려고 도는 계단

언덕이 수많은 계단 되어 하늘로 이어졌다

대상포진

따끔, 몸 안에 숨어 있던 바이러스

등에 붉은 반점을 그리더니
물집과 뾰루지로 변해 올라온다

내밀한 통로에서 스스로 촉을 세운 무늬들

살갗에 뜨거운 띠를 몰아붙이며
상처를 밀고 나간다

내 몸에 의지해 고름을 터뜨려 숨 쉬고
몸 밖으로 덜어내려는 몸짓은

나의 가장 아픈 곳을 모질게 더듬는
안과 밖의 감각들

그 속에서 나는 늘 고립된다

내 스타일

포즈가 없다
그냥 생긴 대로 밀고 나갈 뿐
누가 알아주기를, 중심에 있기를 바라지 않는다
중심으로 향하는 순간 변방이 수직을 발견한다
날밤을 까는 날이 수북하다
때때로 어둠에 갇혀도 어딘가의 대열에 서지 않는다
가물거리는 의식이 눈을 부릅뜬다
이성의 차가운 칼날에 베인 육신을 안고 뒹구는 밤
지적으로 무력해진 나를 새벽이 위로했다
금 간 의식을 지키는 건 어둠
세상은 저마다의 어지러운 꿈을 불사른다
고독 안에서 나는 존재가 된다

기차를 놓친 별

기차를 놓치고 말았다
놓친 별은 뜨겁기만 한데
이마에 늦은 별을 붙들고
사라진 길 위에서
멀어져 가는
열차 불빛 바라보았다
내 귀에 강물이 범람하는 소리
마른 나뭇가지를 울리는 바람 소리
나는 침묵을 세어 보았다

돌아가는 길은 비가 내렸다

복원되고 싶다

시간에 쫓겨 계단을 올라왔다
서울역 광장 시계탑에 걸린 내 얼굴
피사의 사탑처럼 기울어진 나를
십 분 뒤 플랫폼에 있게 했다

시간이 틈새에서 꿈틀거렸을 거야
바늘이 24시간을 뜨는 동안
금 간 종에선 소리가 울리지 않았고
손목에, 주머니 속에
시계를 차고, 넣고 걸었던 나를 찔렀다

그동안 지어 놓은 시간의 집이 헐리고
그 폐허 앞에 내가 문득 서 있다
그럴 때는 가만히 나를 들여다보면서
귀퉁이에 삶의 마을을 하나 세운다
나는 복원되고 싶다

안개 속에 집이 자라났다

먼지와 안개가 건물을 삼켰다 대낮에도 불신을 낳는 미세먼지 마스크 쓰고 뿔뿔이 흩어졌다 줄줄이 들어가던 집은 밀폐된 동굴, 감옥, 무덤… 하얗게 얼어붙은 덩어리들 어두컴컴한 부름 속에 기대 있었다

사라진 밀어들의 푸른 흔적 차갑게 죽은 나뭇가지로 정오가 채워졌다 바다, 모래, 태양 그리고 물의 중첩된 정적 속, 주위가 잠긴 것처럼 움직이지 않았다 결핍과 훼손의 길 끝에 집은 늘 가까웠다

안개가 나를 지웠다 나는 어디에서도 발견되지 않았다 그 순간 있으나 마나 한 사람, 안개와 나는 한 몸이 되었다 안개 속에 자라는 집 몸집이 커지고 나는 안개 발에 짓밟혔다

아흔아홉의 풀씨

아흔아홉의 풀씨가 꿈틀거렸다
두근두근 풀씨 가슴이 뛰었다

떠났던 우리를 끌어당기는 아침 햇살
바람이 잠든 호수를 천천히 깨웠다

돌들은 우리의 발걸음에 와 붙었다
몸이 기억하는 풍경은 잃어버릴 수 없다

몸속에 새긴
매발톱, 붓꽃, 달맞이, 개망초

혈관처럼 빠르게 따라갈 방랑자
저마다 꿈에 빠졌다

등불 같은 말, 나는 어디쯤

북쪽 하늘 보면서 양팔을 수평으로 쭉 폈다

북극성이 있는 북쪽 머리 뒤가 남쪽

오른팔은 동쪽 왼팔은 서쪽

방향을 알면 별이 보인다고 했다

어제 놓친 별자리 찾을 수 있을 거야

북두칠성과 카시오페이아 둘 중

하나는 떠 있을 테지

얼중얼중 혼잣말

밤사이 별이 위치를 바꾸기 때문이야

안다는 건 모른다는 것

박사博士와 사士 사이 나는 어디쯤

뼈가 녹아내렸던 사십 대

어제 놓친 별자리 찾을 수 있을 거야

얼중얼중 혼잣말

혼자 매달린 등불 같은

꽃은 고속촬영을 한다

봉오리는 분명히 움직였을 거야
조금씩 아주 천천히
움직이면서 꽃으로 몸 바꾸기를 한 거야
가만히 바라보아도
눈에 보이지 않아
내가 보지 못한다는 이유로
움직이지 않는다고 말할 수 없어
이미 안에 주어진 것으로
때가 되면 밖으로 내보내는 열애
자연스러워서 늘 조용했던 거야
지금도 땅이 조금씩 가라앉고
바다는 조금씩 올라오고 있어
정신 속에 기록할 수 없는 순수한 질서
있는 그대로 존재하는 건 없을 거야

찰칵, 흑백사진 한 장

흙먼지 삼켜 퍽퍽해진 계단 아래
시를 쓴 키 작은 항아리와 의자
이 역으로 돌아왔던 사람을,
이 역으로 나갔던 삶을 기록하고 있다

시인이 들어가 있는 풍경을 타고
간이역에 등불이 켜진다

하늘 속으로 천천히 흘러들게
고개를 드는 두 눈
손 타지 않은 화단에 이름 모를 꽃들
덧없이 가꾸는 동상

저 혼자서 저만큼 떠나고 있다
찰칵, 흑백사진 한 장이 떨어진다

금계국

저 많은 태양이 지상에 내려왔네요 작은 태양이 모여 얼굴을 맞댄 금계국 배곯은 하늘과 해가 되고 싶은 사람 굽이굽이 산천 무리무리 지었네요

태양은 하나인데 지상에 모인 금계국 세상을 불태우는 금관을 쓴 자 빛나는 제복에는 진실이 묻어 있네요 고대의 자취들이 무더기로 피어 선동하네요

숲속에서 빛의 무게를 재는 아이들이 노래 불러요 깊은 밤 불꽃들이 그림을 그려요 한 꽃 한 꽃 하나인 듯 하나이지 않고 하늘 우러러 뿌리를 찾는 꽃길, 동쪽으로 난 길이네요

내 안의 허밍

꾸들꾸들 몸피를 줄여 가는 저 과메기
그대와 나 첫 사랑도 얼었다 녹았다
서른 해가 돋고 지고

온종일 울리던 그 초인종 소리, 진동 진동
빠르다가 느리다가

바닷속 어디에선가
낮은음으로 윙윙거렸다
파도가 해변을 여는 소리

구룡포 앞바다
끊임없이 해변을 향해 돌진하는 파도
소나무 가지들이 길게 뻗어 있는 숲길을 열었다

내 과거는 늘 전과자나 무죄
환영받고서도 철창에 갇힌 회상

귀신이 오고 있다

정오의 태양이 신처럼 왔다 자목련 꽃눈 틔우고 대지
빛 속을 불태우며 내려왔다 고귀한 순간을 포착하는 해

밤의 연인 달이 돌아왔다 잠들기 전, 하나의 비밀이
소생한 첫 번째 죽음이 영원한 반복을 계속했다 밤의
성벽을 두드리는 달

사로잡힌 자들을 우리에게 보여 주고 있었다 싱싱하
고 육감적인 아가미와 지극히 관능적인 꽃 둘레에서 온
정신 기울여 구원의 마법을 부렸다

달이 흘러갔다 삶과 죽음의 사잇길에 서 있는 자를
잠재웠다 자신을 옭아매고 있던 매듭들이 조금씩 풀렸
다 그 사잇길엔 마음을 사로잡는 귀신이 있었다

4부

제 얼굴 묻고 자신에게 벌을 주듯이

모르게 아마추어

바람을 믿었다 페이지 속 의미를 묶고 속도를 줄일 거라 믿었다 확신과 의심 사이 고양이가 발자국을 찍고 걸어갔다 여러 해 동안 초록 들판이 피었다 졌다 아직 준비 못 한 기억 속으로 수많은 풀이 돋아나고 있었다 나는 쪼그리고 앉아 천천히 들여다봤다

내가 잃어버린 것을 강아지가 찾아 줬다 제 그림자마저 무서웠던 밤, 하늘만 부르고 별만 대답했던 들판 바람의 막을 열었다 닫았다 마음에 지펴졌다 사라지는 언덕 제멋대로 휘어진 강아지풀 털이 줄지어 선 혀, 제자리에서 혼자 돌고 돌았다

마음에 둔 여린 풀 하나를 품었다 복사지를 대고 연필로 눌렀다 잠이 깬 고양이가 종이에서 자란 꽃을 핥았다 조그맣게 뚫린 창살 너머로 죽은 바람이 꽃잎을 쓰다듬었다

유서 혹은 연시

불빛 아래 몸을 구부렸다
벽지 위로 동그랗게 생겨나는
빛의 섬

황금 깃털 가진 새가
섬 주위를 맴돌았다
나무 위를 맴돌다
가난한 집 마당 가까이 다가와
나를 우두커니 세워 놓고 자기를 노래했다

어딘가 떨어진 날개는
밤이 떨어뜨린 껍질
수북한 꿈의 죽지
부드러운 발톱이 나를 길들였다

착한 나뭇가지에 둥지를 튼 새
하늘 위에 펼쳐진 두꺼운 침묵
섬이 풀어놓은 새

제 새끼에게
자기 고통 슬며시 걷어 낸 미물
날개가 쓴 유서

긴긴 밤이 쓴 아침 노래
푸른 밤이 한 뼘 깊어졌다

병 속에서 말이 쏟아졌네

깨진 유리잔 입술이
정지된 미소를 머금고 있었네

주문을 걸었네
좁은 병 입술이 키스를 불렀네

온몸에 붉은 웃음을 띠는 요정들
달빛에 기대어 불순한 노래 불렀네

우린 뜨겁게 자란 포도나무를 바라보고 있었네
그저 달빛 아래에서 향기가 내 온몸을 휘감았네

햇살을 모은 열매들이 짓이겨질 때

상처 먹고 자라난 넝쿨들이
아픔 감추고 자줏빛 웃음만을 칭칭 감았네

세 번째 술병을 기울이자

한동안 병 속에서 앓던 말들이 쏟아졌네

해방을 따라 서로 건넨 큰 술잔 속의 술
자유를 얻고 향기로운 술잔을 내미네

나는 물속에 잔을 던지고
닫혀 있는 집을 향해 배회하고 있었네

잠든 그대의 입에 감금당한 채로
아브라카다브라

술 속에 사람이 있다

위스키를 마신다
스트레이트 석 잔에 뜨겁게 올라오는 몸 안의 원소들
내가 사랑하는 원소가 모인 초록 발렌타인 속
사람이 있다
자기 집인 듯 밤늦게까지 앉아 있다
데려가기를 기다리는 고양이같이 웅크리고 있다
'Starry Starry Night' 노래가 흩날리는
가로수길을 걸어간다

사람이 술을 부르고 술이 사람을 부르던
시절 인연, 잔에 따라 놓고 보면
별것 아닌 무색투명한 술인데
나의 세 번째 눈을 위해 진주를 가지고 온다
그 눈을 통해 마음 고르면서
나는 어제 마신 사람이 되어야 한다

어떻게 찾아왔을까
날 알아주는 빛이 잔에 빠져들고

하나씩 하나씩 점처럼 작아진
내 눈동자가 녹아 있는 술 속을,
빛에 숨어 건네는 우주의 인사도
별이 달을 끌어내려도 모두 헛일
내 이마는 젖은 무릎에서 잠들 것이다

명을 마치고 쓰러진 술병 바닥으로부터 오는
원자이면서 분자일지 모르는 덩어리
살아 있는 사람처럼 등뼈 위에서 흔들리는 술이
몸을 빌려 흘러드는 붉은 강으로 내 어깨를
당신 쪽으로 무너지게 하는
그런 겨울이었지

나와 고양이 사이

배고파 보이는 고양이가 나를 애처롭게 바라보았
다 거실 패브릭 소파에 주기적으로 발톱을 갈아 댔다
언제든 사용할 준비가 된 단단한 발톱을 가진 늙은 고
양이

도망갈 생각이 전혀 없어 보였다 가끔 등줄기를 긴
장시킨 녀석이 식탁에 오르기를 포기한 채, 시선만 고
정이다 의자 등받이에 앉지 않고 더 아래쪽 의자 시트
에서 몇 시간이고 머무는 걸 즐겼다

나는 안락의자에 앉아 거실 풍경을 바라보았다 그
와 나 사이 끝까지 침착했다 지긋한 나이가 무심한 태
도를 받아들였다 내 팔다리 우리의 관계에는 평화가
찾아왔다

자동소멸

'고객님의 소멸 예정 포인트를 확인하세요'

메일함에서 내가 사라지고 초기화가 되었다
순서대로 증발하는 숫자
사라졌던, 사라지고 있을 내가 확인되는 숫자
그 소멸 안엔 회색 늑대가 여러 마리 숨어 있어
숫자판 위의 행렬은 불안과 불균형에 굴복하지 않았다
굴러가야만 하는 톱니바퀴들이
희망고문 같은 불안을 사들이면
내 탁월한 신용은 전진, 발걸음을 내디딘다
잠시 금지와 부정의 점들은 부풀어 올라
확실하게 증명해 보일 것이다, 내가 누구인지
어둠 속에서 고요와 공포를 추적하는
검은 고양이는 내 신용 위에 꼬리가 길어지고 있었다

동부로 16 하늘빛아파트

주소가 도로명으로 바뀌었다

땅에 밀착된 기록이 새 이름으로 갈라져
골목 많은 오래된 동네를 지운
길이 길을 잃어버렸다
움직이는 도시에서 보이지 않는 길

같은 삶을 사는 걸까?

아파트에서 아직 옛 주소를 외는 난
희망하는 대로 삶을 다독거리며
출발점이 된 옛 주소를 떼어먹는다
몸을 비틀어야 지나갈 수 있던 골목

천天과 광光의 조합 '하늘빛아파트' 꼭대기 층
어리둥절한 동부로 16
정체성 없이 몇 동 몇 호
이름 짓는 이유를,

이름이 존재라는 것을 나는 안다

지용을 읽는 밤

빈 들에 해바라기 피었네

외로움 없다면 노을이 왜 울까

마음에 둔 고향에 별을 풀어놓네

꽃도 새도 시도 밤이면 사라져서

오늘도, 해바라기 동그란 눈으로

자기 얼굴만 한 별을 심네

밤바다를 놓치다

잠이 안 온다
힘없고 돈 없는 뒷방 늙은이처럼
몸의 일기를 읽어야 한다
불면증, 무거운 몸, 만성피로 등등으로 채워진
방 안에서도 나는
검은 파도가 밤바다를 할퀴듯
밤을 놓친 사람들의 야유 속에 내몰린다
쿵 쿵 몰려온다
어찌할 수 없어 두 손으로 얼굴을 가리고
수면의 마디들을 일일이 느끼면서
잔뜩 굶주린 무리 속으로 붙들려 갈 것이다
쉭쉭 들려온다
레퀴엠처럼 울리는 심장의 고동 소리
눈 속에 빨간 핏줄이 솟아오르고
내가 아는 우주 전부가 살아나도
내 몸에서 꿈쩍 않는 못

하얀 신을 신고 어디로 갈까요?

오늘 자유로웠나요?

하얀 운동화를 신고 어디로 갈까요?

자갈 한 알이 몸을 열어 따뜻한 날 꿈꿨나요?

눈꽃 속에 초록 눈이 살아요

거기서 스며 나온 비밀은 새도 묻지 못해요

시절 하나 불러온 이기적 슬픔을 설법해요

제 얼굴 묻고 자신에게 벌을 주듯이요

이름 없는 보물이 어렴풋

반짝이는 바다의 눈을 닮았어요

등대가 지칠 줄 모르고 꿈에 취해요

별 하나 떨고 있는 밤, 돌이킬 수 없는 우물을 파요

내 발밑에 엎드린 위험한 그림자를 포기하지 않아요

네 온몸에서 찾고 있어요

따뜻한 흙이 완벽한 정부情夫 밑에

항거할 수 없는 투쟁을 숨겨요

사라진 내 눈은 그것을 볼 수 없어요

자유는 자유로운가요?

중얼중얼, 쉬는 자의 변명

성당으로 접어든 길에 제비꽃이 피었습니다

납작 엎드려 꽃잎을 헤아렸습니다
새 한 마리도 곁을 맴돌았습니다

점점 높이 오르는 그 새
눈으로 따라잡았습니다

뒷걸음치다 넘어졌습니다

제비꽃이 자라
볼이 자줏빛으로 달아올랐습니다

어둑한 석벽이 제비꽃 얼굴을 비추었습니다
성벽도 물이 들었습니다

주춤 날개를 접었다 펴는 종달새 따라
제비꽃 얼굴빛 더 깊어졌습니다

노란 민들레가 제 얼굴빛을 감추었습니다
먹은 마음 한 치 혀를 벗어나지 않았습니다

나날이 죄는 두껍게 쌓여 갑니다

고양이 눈 속에 겨울이 보였다

하얀 눈 속에 파묻힌
배추 한 포기를 들춰 보니
추위도 재료가 되는지
언 겉잎을 여러 겹 벗겨 내면
노랑 속 겨울 배춧국은 달았다

찬바람이 끼어들어야 곶감도 달다
언 몸 웅크리고 먹던 '이모집' 김치찌개
추위가 겨울 맛을 끓여 내었다
쓴 소주가 입에 쩍 달라붙었다
냄새가 낚아 오는 행인의 발길

단골집 마차는
허름한 저녁 시간을 포장했다
욕이 안주 되는 인간
술술 술이 사람을 먹는 시간
자정, 유리구두 찾아 떠난 이모

포장마차 천막에 퍼붓는 눈보라가
사나워졌다
슬금슬금 어디선가 나타난 고양이
한쪽에 앉아서 흰 눈이 쌓이는 걸 보았다
고양이 눈에 겨울이 쌓여 갔다

거기, 안개도시

저기, 눈 감은 별 밤과 멀어지고 있다

거기, 하나같이 귀먹은 사람들

불량한 핏줄이 도시를 헤매며 푸른 종이를 찾았다

흑백이 분명한 큰 눈을 길게 그렸다

도시가 곁눈질로 흰자위의 핏줄을 보았다

제 목에 무거운 돌을 달았던 얼굴에 핏줄이란 핏줄
다 터졌다

흑과 백이 귀를 막았다

여명이 뜨기 전

귀먹은 불구 공범자가 되었다

듣고 싶은 것만 들었던 밤

깍지 낀 손을 아직 풀지 못하고 있다

같은 핏줄을 가진 상속자

세상의 봉분에서 도망가지 못했다

분꽃이 피었네

엄마가 숨었다 어깨를 흔드는 오빠 손이 차가웠다 그
때 언니 눈은 토끼 눈을 닮아 있었다 울음으로 가득 찬
방 울고 있는 내 등을 토닥이던, 분꽃으로 피어나던 손길

엄마 딸이 엄마를 찾았다 엄마의 의자와 장롱을 더듬
었다 아스라이 닿는 보자기 고개를 끄덕였다 거기 하얀
손이 몰래 숨어 있었다

엄마의 뒷마당 여름은 캄캄했다 뒤뜰 감나무 밑에 숨
겨 놓은 엄마 흰 고무신 사라질까 두려웠다 그 고무신을
몰래 숨겼다 감나무와 나만 아는 비밀

분꽃이 피었다 엄마가 색동 고무신 나에게 내밀었다
이런 날 엄마는 까맣게 여문 분꽃씨를 나에게 주었다

입속의 물주머니

무화과 한 입 베어 물었다
저 골목을 어떻게 지나갈까 고민했다
솟대의 사연이 멍울진 그늘 속을 지나며
숨은 말을 끄집어내었다

계단을 올라가는 동굴의 향기가
방으로 이끌었다
싸늘한 빛이 어둠을 더듬었고
죽음이 물컹 만져졌다
끝내 누구도 말하지 않았다
결국, 고개를 끄덕이며 제 속을 모두 털었다

허둥지둥 골목을 벗어났을 때
나를 감싼 어렴풋한 사랑이
그 속에 있다는 걸 겨우 눈치챘다
입속 물집도 제 세계를 터트렸다

해설

안개로부터 탈주하는 소녀

이병철(시인, 문학평론가)

1. 안개 속을 달리는 소녀

김영미의 시를 읽으면 안개에 점령당한 겨울 숲에
서 빠져나가기 위해 가시덤불 길을 헤치고 달리는 한
소녀가 떠오른다. 옷은 엉망으로 찢어지고, 살갗에는
피가 흐르고, 머리는 헝클어져 산발이다. 추위에 얼어
붙은 맨발로 습기 머금은 낙엽들을 밟아 나가는 동안
안개는 점점 몸을 불리고, 산짐승 우는 소리와 함께
단단한 밤이 숲을 장벽처럼 에워싼다. 그래도 그녀는
멈추지 않고 달린다. 겨울나무 앙상한 우듬지가 안개
에 작은 구멍을 낼 때마다 언뜻 비치는 별빛이 그녀를
인도하기 때문이다. 별빛을 따라 마침내 캄캄한 숲을
빠져나온 순간, 회색 안개가 걷힌 세상에는 "풀잎들이
부드러운 아침"(「봄이라고 써 버렸다」)이 풍경의 윤곽
을 회복하고, 소녀는 그 윤곽 안에 총천연색, 조흔색,
중간색을 다채롭게 채워 나간다.

무채색 세계에 빛과 색을 회복시키는 사람, 단조로
운 권태와 우울에서부터 대중을 구해 내는 사람, 그가

바로 예술가다. 기형도가 "아침 저녁으로 샛강에 자욱
이 안개가 낀다 (…) 이 읍에 와본 사람은 누구나 거대
한 안개의 강을 거쳐야 한다"(「안개」)고 소개한 안개
는 산업화시대의 음울한 유령이지만, 김영미의 시에
서 안개는 사물의 윤곽을 지워 풍경을 제대로 볼 수
없게 만드는 점령군이다. 대상의 색채를 지우고 무채
색을 주입하는 난폭한 성형외과 의사다. 김영미는 안
개로 표상되는 몰개성과 획일화의 현실원칙에서부터
탈주하기를 꿈꾼다.

먼지와 안개가 건물을 삼켰다 대낮에도 불신을 낳는
미세먼지 마스크 쓰고 뿔뿔이 흩어졌다 줄줄이 들어가
던 집은 밀폐된 동굴, 감옥, 무덤… 하얗게 얼어붙은 덩
어리들 어두컴컴한 부름 속에 기대 있었다

사라진 밀어들의 푸른 흔적 차갑게 죽은 나뭇가지로
정오가 채워졌다 바다, 모래, 태양 그리고 물의 중첩된
정적 속, 주위가 잠긴 것처럼 움직이지 않았다 결핍과
훼손의 길 끝에 집은 늘 가까웠다

안개가 나를 지웠다 나는 어디에서도 발견되지 않았
다 그 순간 있으나 마나 한 사람, 안개와 나는 한 몸이

되었다 안개 속에 자라는 집 몸집이 커지고 나는 안개
발에 짓밟혔다

　　　　　　　　　　　—「안개 속에 집이 자라났다」 전문

　"안개가 건물을 삼켰다"고 시인이 진술할 때, 안개
는 기성의 관념들과 권태로운 일상성의 메타포가 된
다. 안개는 아름다운 밀어들을 사라지게 하고, "바다,
모래, 태양, 그리고 물"의 "푸른 흔적"을 차갑게 죽게
만든다. 안개 속에서 예술가는 상상력을 훼손당하고,
늘 결핍 상태가 된다. 그래서 시인은 "안개가 나를 지
웠다"고 토로한다. 상품성과 효용의 논리가 지배하는
세상에서 그녀는 "어디에서도 발견되지 않"고, "있으
나 마나 한 사람"으로 소외되기 때문이다. "안개 발에
짓밟히"는 이 폭력은 감각을 마비시키고, 사유를 중지
시킨다. 새로움에 대한 욕망을 거세시켜서 오직 익숙
한 것만을 받아들이게 한다.
　김영미의 시집에는 주로 상투적인 일상성의 기호
들이 곳곳에 배치되고, 그것들에 진력을 느껴 몸부
림치는 한 개성적 주체가 등장한다. "한 달에 한 번
달거리하듯 빼먹지 않는 작은 세상을 더 작게 만드
는 친목계"(「거미집」)라든가 "공판장 약속된 생산 시
스템"(「누가 청어의 유통기한을 결정하나」), "'Starry

Starry Night' 노래가 흩날리는 가로수길"(「술 속에 사람이 있다」), "어리둥절한 동부로 16 정체성 없이 몇 동 몇 호"(「동부로 16 하늘빛아파트」) 따위 따분한 풍경들은 모두 '안개'의 다른 이름들이다.

저기, 눈 감은 별 밤과 멀어지고 있다

거기, 하나같이 귀먹은 사람들

불량한 핏줄이 도시를 헤매며 푸른 종이를 찾았다

흑백이 분명한 큰 눈을 길게 그렸다

도시가 곁눈질로 흰자위의 핏줄을 보았다

제 목에 무거운 돌을 달았던 얼굴에 핏줄이란 핏줄 다 터졌다

흑과 백이 귀를 막았다

여명이 뜨기 전

귀먹은 불구 공범자가 되었다

듣고 싶은 것만 들었던 밤

깍지 낀 손을 아직 풀지 못하고 있다

같은 핏줄을 가진 상속자

세상의 봉분에서 도망가지 못했다
                              —「거기, 안개도시」 전문

안개 속에서 대중은 "하나같이 귀먹은 사람들"이 된
다. 시인은 안개의 무채색에 저항하는 "불량한 핏줄"로
서 "도시를 헤매며 푸른 종이를 찾"지만, "흑과 백이 귀
를 막"아 그 자신 역시 "귀먹은 불구 공범자"가 되고 만
다. '흑과 백'이 함의하는 보편적 뉘앙스를 상기하면 위
의 시적 진술을 정치적 올바름에 대한 각성의 촉구로
읽을 수도 있지만, 위 시에서 "귀먹은 불구 공범자"와
"듣고 싶은 것만 들었던 밤"은 진영논리에의 극단적 함
몰을 나타내기보다는 대중성, 상품성과의 손쉬운 결
탁 또는 독자를 기만하는 시에 대한 묵인과 동조 등
예술가로서의 직무유기를 함의하는 비유로 사용되고

있다. 그렇게 읽는 편이 김영미의 시 세계를 관통하는
예술가적 자존을 이해하는 데 도움을 준다.

2. 비주류, 검은 날개를 펴다

김영미는 상투성과 획일화, 경향과 유행, 제도로서
의 문학이 지배하는 시대에 끝내 저항하지 못하고 '불
구 공범자'가 되어 버리는 실패를 아프게 받아들인다.
이 무력감은 "탯줄에 묶여 있는 꿈을 자주 꾸"(「청구
서」)게도 하지만, 그녀는 패배에 무기력하게 주저앉아
있지만은 않는다. "저항할 수 없이 이끌려 갈 때"(「저
녁은 밥이다, 아니다」) 시인은 탈주 시도가 "항거할
수 없는 투쟁"임을 알면서도 "발밑에 엎드린 위험한
그림자를 포기하지 않"(「하얀 신을 신고 어디로 갈까
요?」)는다. 그리고 이러한 반골 기질은 필연적으로 그
녀에게 고독과 허기, 결핍을 선사한다.

비주류, A급에 못 미치는

그저 그런 아웃사이더의 거리

적당히 게으르게 참여

손가락질 받지 않을 만큼 타락하자

호기심을 즐기는 무덤덤함이 상책

밤길에서 듣는 래퍼의 프리스타일 랩

길 한가운데로 쏠리듯 들어와 있는 멜랑콜리

여유 있는 박자로 흐르는 비, B주류

설레지도 위로도 되지 않는 짧은 시간

눈물이 번져 하지 못한 말

세상에 착불로 도착해

소설처럼 쓰인,

빈 탁자를 오래 바라보는 이 저녁

누군가의 배경이 되어야 하는

그런 생각,

그만두길 잘한 서투른 짓

—「B급」 전문

포즈가 없다
그냥 생긴 대로 밀고 나갈 뿐
누가 알아주기를, 중심에 있기를 바라지 않는다
중심으로 향하는 순간 변방이 수직을 발견한다
날밤을 까는 날이 수북하다
때때로 어둠에 갇혀도 어딘가의 대열에 서지 않는다
가물거리는 의식이 눈을 부릅뜬다
이성의 차가운 칼날에 베인 육신을 안고 뒹구는 밤
지적으로 무력해진 나를 새벽이 위로했다
금 간 의식을 지키는 건 어둠
세상은 저마다의 어지러운 꿈을 불사른다
고독 안에서 나는 존재가 된다

—「내 스타일」 전문

시인은 스스로를 "비주류, A급에 못 미치는 그저 그런 아웃사이더"로 인식한다. 그리고 방송에 출연하거

나 근사한 무대에 설 수 없는 프리스타일 래퍼에게서 자신의 자화상을 본다. 주인공이 되지 못하고 "누군가의 배경이 되어야 하는" 무명, 변방, 지역의 설움을 토로하지만 그녀는 "여유 있는 박자로 흐르는 비, B주류"가 결국 세상을 바꾼다는 사실을 알고 있다.

주류는 세상이 바뀌는 것을 원치 않는다. 세상이 바뀌려는 징후가 보이면 그들은 두려워한다. 손에 쥔 부와 명예, 기득권을 잃을까 봐 벌벌 떤다. 하지만 비주류는 목숨까지 던져 가며 세상을 바꾸려 한다. 윌리엄 월레스, 체 게바라, 로자 룩셈부르크는 모두 경계 밖으로 밀려난 아웃사이더들이었다. 비주류들은 "때때로 어둠에 갇혀도 어딘가의 대열에 서지 않"으며 "저마다의 어지러운 꿈을 불사른다". 그 어지러운 꿈이 혁명이 될 때까지, 그들은 "고독 안에서" '변방'이자 '차가운 칼날'으로서의 자기정체성을 날카롭게 벼린다.

주류가 지배하는 세상에 대한 전복과 모반의 열망, 다수와 전체라는 획일화의 굴레에서 벗어나려는 김영미의 탈주 본능은 「사막의 검은 새」에서 "탈출을 꿈꾸는 어린 소녀"의 이미지로 형상화된다. '사막'으로 함의된 척박하고 폭력적인 현실원칙 안에서 어린 소녀는 "아름답고 성실하게 죽음의 재료들을 모으"고 있다. '죽음의 재료'란 세상의 온갖 소외된 풍경들, 비극적 양

상들, 소수적 삶의 모습들일 것이다. 주류에 의해 경계 밖으로 밀려난 아브젝트abject들일 것이다. 기존의 자기 존재를 불살라 새 날개를 얻는 불새처럼 소녀는 죽음의 재료를 그러모아 불을 붙이고, 그 불속에서부터 "검은 날개를 펴" 현실을 초월하는 시간과 공간, 즉 기성의 어떠한 관습과 유행도 다다를 수 없는 자신만의 왕국으로 날아오른다.

3. 실재계를 향한 불가능성의 탈주

눈이 내린다
종일 누구를 먹여 살리기 위해
검은 머리 잠재우고 천천히 내리는가

나는 들었다
뽀드득 눈 밟는 소리
맨손으로 눈 뭉치는 소리
눈이 오면
저 소리를 안주로
술을 실컷 마실 수 있다

몸속 깊은 곳

아름다운 병이 되어

누구도 알 수 없는 발자국 남기며

바다에 누운 달조차 알지 못하는

눈이 오면, 술에 취해

그 왕국이 이 세상에 내려온다

— 「누구의 집인가」 전문

　"눈이 오면 저 소리를 안주로 술을 실컷 마실 수 있
다"는 진술에서 '눈'은 현실의 시련을 상징하는 은유로
읽힌다. 고난에서 오히려 쾌감을 느낀다는 이 역설은
"육신이 흐느적흐느적하도록 피로했을 때만 정신이
은화처럼 맑"다던 이상李箱의 고백을 떠올리게 한다.
현실에서의 가난과 소외가 예술가에게 질병과 굶주림
이라는 육체적 절망을 가져다줄 때 오히려 정신은 또
렷하게 빛난다는 이상의 잠언은 김영미에게로 와 "몸
속 깊은 곳 아름다운 병이 되어 누구도 알 수 없는 발
자국 남기"는 한 예술가의 고독한 숙명을 환기시킨다.
'육체'로 상징되는 상품성, 대중성, 자본주의 논리와
결별하여 정신적 공간인 "그 왕국"에 스스로 고립되
고자 할 때 시인은 마침내 '천재'를 회복하며 "유쾌하
오"라는 자각에 이르게 되는 것이다.

이때 김영미가 도달하려는 '왕국'은 "눈이 오면, 술에 취해" "이 세상에 내려오"는 곳이다. '눈'으로 함의된 현실원칙의 구속을 '술'이라는 환각을 통해 벗어 버리는 순간, 시인에게 내려오는 왕국은 라캉이 말한 실재계가 아닐까? 라캉에 따르면 실재계는 상상계와 상징계 어디에도 속하지 않는 세계다. 상상이 '이미지'고 상징이 '언어'라면, 상상과 상징을 초월하는 어느 곳에 분명히 존재하지만 이미지와 언어로는 표현할 수 없는 세계가 바로 실재계다. 내 마음에 어떤 고통이 있는데 그것을 말과 그림으로 표현하고자 아무리 노력해도 그 고통은 항상 충분히 표현되지 못하고 마음 안에 일부 남겨질 수밖에 없다. 그렇게 남겨져 늘 존재하는 잉여를 라캉은 '실재'라고 명명했다.

김영미가 "나의 가장 아픈 곳을 모질게 더듬는/안과 밖의 감각들//그 속에서 나는 늘 고립된다"(「대상 포진」)고 쓸 때, "나의 가장 아픈 곳"이란 실재계에 해당하고, "안과 밖의 감각들"은 실재계를 표현하려는 상상과 상징의 현실태가 된다. "그 속에서 나는 늘 고립된다"는 고백은 언어화, 이미지화될 수 없는 세계, 어딘가에 분명히 존재해 욕망하게 하지만 현실에는 나타나지 않는 세계를 향한 탈주가 애초에 불가능한 것임을 표명한다. 하지만 그녀는 "내밀한 통로에서 스

스로 축을 세운 무늬들//살갗에 뜨거운 띠를 몰아붙
이며/상처를 밀고 나가"는 '대상포진'의 방식으로, 때
로는 술에 취하는 환각과 때로는 자기 안에 고립되는
혼란감과 또 때로는 고통을 수반하는 극한의 쾌락, 즉
'주이상스jouissance'적 시 쓰기의 방식으로 실재계를 향
한 불가능한 탈주, 표현할 수 없는 세계를 표현하려는
도전을 멈추지 않는다.

4. 자기부정, 자기갱신, 감각의 쇄신

허기진 도시가 입을 크게 벌렸다

슬픔은
꽃잎을 흔들며
언덕 넘어 걸어간다
무쇠 방울 소리가 들린다

고흐의 귀를 닮은 별이
접시 위에 놓일 때
아무도
그 핏속을 들여다보지 않았다

— 「스테이크」 전문

머리를 묶는다 머리칼에 매여 있는 나를 본다 달아
날수록 머리채를 부여잡는 길목 내 손바닥의 감각을 자
른다 바닥에 잘린 감각의 목록이 수북하다

— 「머리칼은 촉수다」 부분

도대체 김영미는 왜 불가능한 탈주를 계속 시도하
는 걸까? 아무리 달아나려 해도 현실의 중력에 결국
붙잡혀 올 수밖에 없으면서, 무엇이 그녀를 자꾸 '이
탈한 자'가 되게 하는 걸까? 답은 간단하다. 시인은 늘
새로움을 추구하는 존재이기 때문이다. 단조로운 일
상은 그런대로 견디지만 정신의 권태는 견딜 수 없다.
매일 흰 밥에 된장국은 먹어도 어제와 같은 눈으로 대
상을 바라보는 짓은 할 수 없다.

시 쓰기란 세계 재편의 열망에서부터 비롯되기 마
련이다. 세계가 재편될 때 시인 내면에도 큰 변화가 일
어나 결국 자기 존재의 운명마저 전환하는 혁명이 바
로 시 쓰기다. 시는 낭만적 혁명과 모반의 가장 아름
다운 총칼이다. 익숙하고 상투적인 것을 거부하면서,
고정된 의미들과 불변처럼 보이는 대상의 본질을 전
혀 뜻밖의 것으로 바꿔 내는 일이 혁명가로서 시인의
의무다.

「스테이크」에서 '허기'와 '슬픔'은 예술가의 숙명이

다. 시인의 눈에는 밤하늘 풍경이 "고흐의 귀를 닮은 별"들로 보인다. 고흐가 자화상을 그리면서 자기 귀를 자른 것은 정신분열증의 심각한 증세인 동시에 자화상의 모델인 자신에게 스스로 가한 '오브제 변형'이다. 자기 신체 일부를 훼손하면서까지 새로운 오브제와 대면하기를 원했던 고흐는 살아서는 불행했지만, 세상을 떠난 후 마침내 색채의 마술사로 부활했다.

김영미 또한 고흐처럼 자기부정과 자기갱신을 통한 감각의 쇄신을 꾀한다. 「머리칼은 촉수다」에서 상투성, 일상성의 세계가 "달아날수록 머리채를 부여잡"을 때 시인은 "내 손바닥의 감각을 자르"면서 끝끝내 탈주한다. "바닥에 잘린 감각의 목록이 수북하"게 쌓일수록 그녀는 그 낡은 감각의 주검들을 밟고 뛰어올라 안개 너머 색채의 세계로 날아갈 것이다.

시인은 매일 반복되는 일상을 매일 변화하는 감각과 사유로 살아야 한다. 보편다수에 의해 확정된 의미를 그대로 수용하는 대신 격렬히 그것을 거부하며 새로운 의미를 발견해 내야 한다. 나뭇잎은 초록색, 바다는 파란색, 일곱 색깔 무지개라고 하는 상투성과 확실성의 세계를 향해 주먹을 뻗으며 끊임없이 싸워야 한다. 평범한 것, 사소한 것, 소외된 것을 특별한 대상으로 격상시켜야 한다. 남이 보지 못한 것을 봐야 하고, 붉은 장미 꽃잎에서 창백한 푸른빛을 읽어 내야 한다.

　김영미는 권태로운 일상을 살아가는 수많은 중년 여성들 중 한 사람인지도 모른다. 지극히 평범한 보편 시민일 수도 있다. 그러나 시인 김영미는 다르다. 상투성과 획일화에 대한 모반의 피가 뜨거운 사람이다. 시로 세계를 재편하려는 열망이 들끓는 혁명가다. 항상 새롭고 낯선 것을 향해 정신과 감각이 기울어지는 어린 소녀. 우리는 김영미의 시를 읽으며 무채색으로 뒤덮인 현실의 권태와 우울을 빠져나와, 한 번도 본 적 없는 낯선 세계의 풍경과 마주할 수 있으리라. 이번 겨울은 그리하여 더욱 환할 것이다.

기린처럼 걷는 저녁

2020년 11월 30일 1판 1쇄 펴냄

지은이	김영미
펴낸이	김성규
책임편집	김은경 미순 조혜주
디자인	김동선
펴낸곳	걷는사람
주소	서울 마포구 월드컵로16길 51 서교자이빌 304호
전화	02 323 2602
팩스	02 323 2603
등록	2016년 11월 18일 제25100-2016-000083호

ISBN 979-11-91262-01-8 04810

ISBN 979-11-89128-01-2 (세트)

* 이 책은 충청북도, 충북문화재단의 후원으로 문화예술육성사업의 일환으로 지원받아
  발간되었습니다.
* 이 책 내용의 전부 또는 일부를 재사용하려면 반드시 지은이와 출판사의 동의를
  얻어야 합니다.
* 잘못된 책은 교환해 드립니다.
* 이 책의 국립중앙도서관 출판시도서목록(CIP)은 서지정보유통지원시스템 홈페이지
  (http://www.seoji.nl.go.kr)와 국가자료공동목록시스템(http://www.nl.go.kr/kolisnet)에서
  이용할 수 있습니다. (CIP제어번호:2020049404)